Cuatro días sin porqué
(Texto bilingüe)

ANGELUS SILESIUS

Edición, traducción y prólogo de Pilar Carrera

COLECCIÓN LETEO

eolas
ediciones

© de la edición, traducción y prólogo: Pilar Carrera, 2025

© de esta edición: Eolas ediciones
en colaboración con Club Cultural Leteo

www.eolasediciones.es · www.clubleteo.com

Dirección editorial:
Héctor Escobar

Coordinador de colección:
Rafael Saravia

Diseño de cubierta:
Javier Arce

Ilustración de cubierta: *Rosa sin porqué*
© Xabier Talens Carrera, 2023

Maquetación:
Alberto R. Torices

Imprime:
Safekat S. L. (Madrid)

ISBN: 979-13-87753-09-2
Depósito Legal: LE 165-2025

Cuatro días sin porqué

Serie Azul de Metileno

Also daß er auch das erste Buch in vier Tagen verfertiget hat.

ANGELUS SILESIUS

Y pacerá el Amado entre las flores

SAN JUAN DE LA CRUZ

Prólogo

Johannes Scheffler nace en Breslau en 1624 en el seno de una familia luterana. Estudia medicina en Leiden y Padua y vuelve a Silesia en 1649 para ejercer como médico de cabecera del duque Sylvius Nimrod. En Öls traba amistad con Abraham von Frankenberg, editor de los escritos de Jacob Böhme en Holanda, quien, tras su muerte, legará su biblioteca a Scheffler que le dedicará estos versos:

Oh noble Frankenberg, plenamente bienaventurado,
te encuentras ya gozando de la eternidad,
tal como a menudo habías deseado. Ahora vives sin el
    tiempo,
libre del antes, del después y del lugar, de las penas y de
    la lucha.

Ya no te retiene la pesada cabaña del cuerpo,
sino que te mueves libremente en el alma de Dios,
Oh montaña liberada, una montaña elegida por Dios
Que él ha hecho nacer de sí para que sea su trono.

En 1652 le niegan el permiso para imprimir una antología de escritos místicos y en diciembre de ese año regresa a Breslau, donde se convierte al cristianismo y toma el nombre de Johannes Angelus. Del luteranismo diría más tarde que era un cuerpo de dogmas y una ética, no una fe. Tres años después de su conversión publica *El paseante querúbico*. En el prefacio, Silesius se rodea de varios autores para refrendar sus tesis, entre los que se cuentan San Agustín, San Bernardo, San Buenaventura, Herp, Tauler, Ludovico Blosio, Marina de Escobar, etc. El uso que hace de las *autoridades* recuerda al de Quevedo en su *Defensa de Epicuro*.

Muere en 1677 en la ciudad que le vio nacer.

Escribió Jacques Lacan: «Esta comunidad de suerte entre el *ego* y Dios, aquí señalada, es la misma que profiere de manera desgarradora el contemporáneo de Descartes, Angelus Silesius en sus adjuraciones místicas, y que les impone la forma del dístico. Sería provechoso recordar, entre los que me siguen, el apoyo que tomé en esas jaculatorias, las del Peregrino querubínico, tomándolas en el rastro mismo de la introducción al narcisismo que perseguía entonces según mi modo, el año de mi comentario sobre el *Presidente Schreber*»[1].

El aroma inaparente de la rosa sin porqué de Silesius no ha dejado de ser fuente de inspiración, «niemandsrose». No la marchitó el viento helado.

Silesius, como tantos otros de su especie, ha sido víc-

---

1   Jacques Lacan (2009), *Escritos 2*, México: Siglo XXI Editores.

tima de una concepción restrictiva, pacata, eclesial y *new age* de la mística que lo ha encajonado debidamente como manera de lidiar con su radicalidad. En el centro de lo sagrado encuentra Silesius, como San Juan o Santa Teresa, lo profano (pro+fanum), lo que está «antes del templo», la «montaña liberada» del poema a Frankenberg. Ese espacio en el que desemboca lo sagrado (y no a la inversa) es el que el paseante de Silesius explora, recorriéndolo una y otra vez, igual que el *flâneur* recorría las calles de París en la obra de Walter Benjamin. En sus versos la irreverencia se hace cuerpo y el cuerpo concepto. Hay una total continuidad entre el genio que despliega imágenes inolvidables y la inteligencia que las blinda contra el fogueo sentimental. En Silesius la razón y la fe son declinaciones del lenguaje. No hay un más allá del lenguaje. Lo «indecible» es, en realidad, el silencio que sólo el propio lenguaje puede crear, «palabra en la palabra».

El texto que sigue es una versión del Libro Primero de *El paseante querúbico*[2], libro que, según Silesius, fue escrito en cuatro días.

Madrid-Ginebra, primavera de 2024
PILAR CARRERA

---

2 He optado por esta traducción del título (en alemán *Cherubinischer Wandersmann*) porque resulta menos connotada en sentido eclesiástico que la de peregrino.

ESTA EDICIÓN

Para la traducción de este *Libro primero* de *El paseante querúbico* me he basado en el volumen Angelus Silesius (Johannes Scheffler), *Cherubinischer Wandersmann, Krititische Ausgabe*, Herausgegeben von Louise Gnädinger, Stuttgart, Reclam, 1984. pp. 27-71.

P. C.

Cuatro días sin porqué

1. **Was fein ist das besteht.**
Rein wie das feinste Gold / steiff wie ein Felsenstein /
Gantz lauter wie Cristall / sol dein Gemüthe seyn.

2. **Die Ewige Ruhestädt.**
Es mag ein andrer sich umb sein Begräbniß kränken /
Und seinen Madensak mit stoltzem Bau bedänken.
Jch Sorge nicht dafür: Mein Grab / mein Felß und
    schrein
Jn dem ich ewig Ruh / sol's Hertze JEsu seyn.

3. **Gott kan allein vergnügen.**
Weg weg ihr Seraphim ihr könt mich nicht erquikken:
Weg weg ihr Engel all; und was an euch thut blikken:
Jch wil nun eurer nicht; ich werffe mich allein /
Jns ungeschaffne Meer der blossen GOttheit ein.

4. **Man muß gantz Göttlich seyn.**
HErr es genügt mir nicht / daß ich dir Englisch diene /
Und in Vollkommenheit der Götter für dir Grüne:
Es ist mir vil zu schlecht / und meinem Geist zu klein:
Wer Dir recht dienen wil muß mehr als Göttlich seyn.

Lo hermoso permanece
Puro como el oro más fino, firme como una roca,
Nítido como el cristal debe ser tu espíritu.

El lugar de la calma eterna
Que otro padezca por su sepultura
Y honre a los gusanos con un ataúd majestuoso,
A mí no me preocupa: El corazón de Jesús
Será tumba, roca y santuario de mi eterno descanso.

Solo Dios contenta
Apartaos, serafines, no podéis confortarme:
Apartaos, ángeles todos y lo que en vosotros resplandece:
No quiero nada vuestro; me lanzo solo
Al mar increado de la divinidad desnuda.

Hay que ser todo divinidad
Señor, no me basta con servirte angélicamente
Y florecer en tu presencia en la plenitud de los dioses,
Es malo y mezquino para mi espíritu.
Quien quiera servirte como mereces ha de ser más que
    divino.

5. Man weiß nicht was man ist.
Jch weiß nicht was ich bin / Jch bin nicht was ich weiß:
Ein ding und nit ein ding: Ein stüpffchin und ein kreiß.

6. Du must was GOtt ist seyn.
Sol ich mein letztes End / und ersten Anfang finden /
So muß ich mich in GOtt / und GOtt in mir
    ergründen.
Und werden das was Er: Jch muß ein Schein im Schein /
Jch muß ein Wort im Wort / ein GOtt in GOtte seyn.

7. Man muß noch über GOtt.
Wo ist mein Auffenthalt? Wo ich und du nicht stehen:
Wo ist mein letztes End in welches ich sol gehen?
Da wo man keines findt. Wo sol ich dann nun hin?
Jch muß noch über GOtt in eine wüste ziehn.

8. GOtt lebt nicht ohne mich.
Jch weiß daß ohne mich GOtt nicht ein Nun kan leben /
Werd' ich zu nicht Er muß von Noth den Geist auffgeben.

9. Jch habs von Gott / und Gott von mir.
Daß GOtt so seelig ist und Lebet ohn Verlangen /
Hat Er so wol von mir / als ich von jhm empfangen.

10. Jch bin wie Gott / und Gott wie ich.
Jch bin so groß als GOtt / Er ist als ich so klein:
Er kan nicht über mich / ich unter Jhm nicht seyn.

No se sabe lo que uno es
No sé lo que soy; no soy lo que sé;
Una cosa y una no cosa; un punto y un círculo.

Tienes que ser lo que Dios es
Debo encontrar mi último final y mi primer principio,
Fundamentarme en Dios y a Dios en mí.
Y debo ser lo que Él es: Luz en la luz,
Palabra en la palabra, Dios en Dios.

Hay que ir más allá de Dios
¿Dónde está mi casa? Donde no hay ni yo ni tú.
¿Dónde está mi fin último, al que he de dirigirme?
Allí dónde no existe fin alguno. ¿Dónde tengo que ir?
Al desierto, más allá de Dios.

Dios no vive sin mí
Sé que sin mí Dios no puede vivir ni un instante,
Si yo muero, Él debe necesariamente renunciar al espíritu.

Soy parte de Dios y Dios de mí
Que Dios sea tan bienaventurado y viva sin deseo,
Lo ha obtenido de mí tanto como yo de Él.

Soy como Dios y Dios es como yo
Soy tan grande como Dios, Él es tan pequeño como yo;
No puede estar por encima de mí, yo no puedo estar
    por debajo de Él.

11. **Gott ist in mir / und ich in jhm.**
GOtt ist in mir das Feur / und ich in Jhm der schein:
Sind wir einander nicht gantz jnniglich gemein?

12. **Man muß sich überschwenken.**
Mensch wo du deinen Geist schwingst über Ort und
    Zeit /
So kanstu jeden blik seyn in der Ewigkeit.

13. **Der Mensch ist Ewigkeit.**
Jch selbst bin Ewigkeit / wann ich die Zeit Verlasse /
Und mich in GOtt / und GOtt in mich zusammen fasse.

14. **Ein Christ so Reich als Gott.**
Jch bin so Reich als GOtt / es kan kein stäublein seyn /
Das ich (Mensch glaube mir) mit Jhm nicht hab gemein.

15. **Die über-GOttheit.**
Was man von GOtt gesagt / das gnüget mir noch nicht:
Die über-GOttheit ist mein Leben und mein Liecht.

16. **Die Liebe zwinget GOtt.**
Wo GOtt mich über GOtt nicht solte wollen bringen /
So will ich Jhn dazu mit blosser Liebe zwingen.

17. **Ein Christ ist GOttes Sohn.**
Jch auch bin GOttes Sohn / ich sitz an seiner Hand:
Sein Geist / sein Fleisch und Blut / ist Jhm an mir
    bekandt.

Dios está en mí y yo en él
Dios es en mí el fuego y yo en Él el resplandor,
¿No estamos ambos estrechamente ligados?

Hay que ir más allá de uno mismo
Hombre, si proyectas tu espíritu más allá del lugar y del
     tiempo
Puedes en todo momento estar en la eternidad.

El hombre es eternidad
Yo mismo soy eternidad cuando abandono el tiempo
Y me fundo con Dios y Dios conmigo.

Un cristiano tan rico como Dios
Soy tan rico como Dios, no puede haber ni una mota de
     polvo
Que yo (hombre, créeme) no comparta con Él.

La supradivinidad
Lo que se dice de Dios no me basta,
Lo que está más allá de la divinidad es mi vida y mi luz.

El amor obliga a Dios
Si Dios no quisiera llevarme más allá de Dios
Le obligaría con mi mero amor.

Un cristiano es hijo de Dios
Yo también soy el hijo de Dios, estoy sentado a su derecha:
Su espíritu, su carne y su sangre los conoce en mí.

18. Jch thue es GOtte gleich.
GOtt liebt mich über sich. Lieb ich Jhn über mich;
So geb ich Jhm sovil / als Er mir gibt auß sich.

19. Das seelige Stilleschweigen.
Wie seelig ist der Mensch / der weder wil noch weiß!
Der GOtt (versteh mich recht) nicht gibet Lob noch Preiß.

20. Die Seeligkeit steht bey dir.
Mensch deine Seeligkeit kanstu dir selber nemen:
So du dich nur dazu wilt schiken und bequemen.

21. GOtt last sich wie man wil.
GOtt gibet niemand nichts / Er stehet allen frey;
Daß Er / wo du nur Jhn so wilt / gantz deine sey.

22. Die Gelassenheit.
So vil du GOtt geläst / so vil mag Er dir werden /
Nicht minder und nicht mehr hilfft Er dir auß
    beschwerden.

23. Die Geistliche Maria.
Jch muß MARIA seyn / und GOtt auß mir gebähren /
Sol Er mich Ewiglich der Seeligkeit gewehren.

24. Du must nichts seyn / nichts wollen.
Mensch / wo du noch was bist / was weist / was liebst
    und hast;
So bistu / glaube mir / nicht ledig deiner Last.

Hago lo mismo que Dios
Dios me ama más que a sí mismo; yo le amo más que a
    mí mismo,
Le doy tanto como Él me da.

El silencio bienaventurado
¡Qué feliz es el hombre que ni quiere ni sabe!
Aquel que a Dios, entiéndeme bien, ni alaba ni glorifica.

La dicha está en ti
Hombre, la felicidad puedes obtenerla por ti mismo
Con tal de que quieras convenir y prestarte a ello.

Dios se da como se le pide
Dios no da nada a nadie; está libre para todos:
Si sólo lo deseas a Él, será todo tuyo.

El sosiego
Cuanto más abandones a Dios, más será Él para ti;
Te ayudará a superar tu sufrimiento, ni más ni menos.

María espiritual
Debo ser María y alumbrar a Dios
Para que me conceda la dicha eterna.

Ser nada y nada querer
Hombre, si eres algo, sabes algo, amas y posees algo,
No te has liberado de tu carga.

25. GOtt ergreifft man nicht.
GOtt ist ein lauter nichts / Jhn rührt kein Nun noch
  Hier:
Je mehr du nach Jhm greiffst / je mehr entwird Er dir.

26. Der geheime Tod.
Tod ist ein seelig ding: je kräfftiger er ist:
Je herrlicher darauß das Leben wird erkist.

27. Das Sterben machet Leben.
Jn dem der weise Mann zu tausendmalen stirbt /
Er durch die Warheit selbst umb tausend Leben wirbt.

28. Der allerseeligste Tod.
Kein Tod ist seeliger / als in dem Herren sterben /
Und umb das *Ewge Gutt* mit Leib und Seel verderben.

29. Der Ewige Tod.
Der Tod / auß welchem nicht ein Neues Leben blühet /
Der ists den meine Seel auß allen Töden fliehet.

30. Es ist kein Tod.
Jch glaube keinen Tod: Sterb ich gleich alle Stunden /
So hab ich jedesmahl ein besser Leben funden.

31. Das jmmerwehrende Sterben.
Jch sterb' und lebe GOtt: wil ich jhm ewig Leben /
So muß ich ewig auch für Jhm den Geist aufgeben.

A Dios no podemos asirle
Dios es una pura nada, ningún aquí ni ahora le
    conmueven,
Cuanto más quieres alcanzarlo, más se te escapa.

La muerte secreta
La muerte es cosa santa; cuanto más fuerte es,
Tanto más poderosa y sublime es la vida.

Morir hace vivir
Aunque el hombre sabio muera mil veces,
Por la verdad gana mil vidas.

La muerte más dichosa
No hay muerte más dichosa que morir en el Señor
Y perecer en cuerpo y alma por el bien eterno.

La muerte eterna
La muerte en la que no florece nueva vida
Es la que mi alma evita entre todas las muertes.

No existe la muerte
No creo en la muerte: aunque muera cada hora,
Habría encontrado cada vez una vida mejor.

El morir interminable
Muero y vivo en Dios: si quiero vivir eternamente en Él
Tengo que entregarle mi espíritu eternamente.

32. GOtt stirbt und lebt in uns.
Jch sterb' und leb' auch nicht: GOTT selber stirbt in
  mir:
Und was ich leben sol / lebt Er auch für und für.

33. Nichts lebet ohne Sterben.
GOtt selber / wenn Er dir wil leben / muß er sterben:
Wie dänckstu ohne Tod sein Leben zuererben?

34. Der Tod vergöttet dich.
Wenn du gestorben bist / und GOtt dein Leben worden /
So trittstu erst recht in der Hohen Götter Orden.

35. Der Tod ists beste Ding.
Jch sage / weil der Tod allein mich machet frey;
Daß er das beste Ding auß allen Dingen sey.

36. Kein Tod ist ohn ein Leben.
Jch sag es stirbet nichts; nur daß ein ander Leben /
Auch selbst das Peinliche / wird durch den Tod gegeben.

37. Die Unruh kombt von dir.
Nichts ist das dich bewegt / du selber bist das Rad /
Das auß sich selbsten laufft / und keine Ruhe hat.

38. Gleichschätzung machet Ruh.
Wenn du die Dinge nimbst ohn allen unterscheid;
So bleibstu still und gleich in Lieb und auch in Leyd.

Dios muere y vive en nosotros
Yo no muero ni vivo: Dios mismo muere en mí,
Y lo que yo debo vivir, sin cesar Él lo vive.

Nada vive sin morir
El mismo Dios, si quiere vivir para ti, debe morir:
¿Cómo puedes pensar que has de heredar su vida sin la
    muerte?

La muerte te deifica
Cuando mueras y Dios se convierta en tu vida,
Entrarás en el más alto orden de lo divino.

La muerte es la mejor cosa
Digo, porque sólo la muerte me hace libre,
Que es la mejor de todas las cosas.

No hay muerte sin vida
Digo que nada muere, únicamente que otra vida,
Incluso la más penosa, nos es dada por la muerte.

El desasosiego viene de ti
Nada te mueve; tú mismo eres la rueda
Que se mueve por sí misma y no tiene descanso.

La indiferencia trae la calma
Cuando tomas las cosas sin hacer distingos:
Permaneces tranquilo, igual en el amor que en el
    sufrimiento.

39. Die Unvollkommne Gelassenheit.
Wer in der Hölle nicht kan ohne Hölle leben /
Der hat sich noch nicht gantz dem Höchsten
  übergeben.

40. GOtt ist das was Er wil.
GOtt ist ein Wunderding; Er ist das was Er wil /
Und wil das was Er ist ohn alle maß und Ziehl.

41. GOtt weiß jhm selbst kein Ende.
GOTT ist unendlich Hoch / (Mensch glaube diß
  behände /
Er selbst findt Ewiglich nicht seiner GOttheit Ende.

42. Wie gründt sich GOtt?
GOtt gründt sich ohne grund / und mist sich ohne
  maß:
Bistu ein Geist mit ihm / Mensch so verstehstu das.

43. Man liebt auch ohn erkennen.
Jch Lieb ein eintzig Ding / und weiß nicht was es ist:
Und weil ich es nicht weiß / drumb hab ich es erkist.

44. Das etwas muß man lassen.
Mensch so du etwas liebst / so liebstu nichts fürwahr:
GOtt ist nicht diß und das / drumb laß das Etwas gar.

El sosiego imperfecto
Quien en el infierno no puede vivir sin infierno,
Aún no se ha entregado por completo al Altísimo.

Dios es lo que Él quiere
Dios es un prodigio: Él es lo que quiere,
Y quiere lo que es, sin medida ni meta.

Dios mismo no conoce fin
Dios es el Altísimo. Hombre, cree esto:
Él mismo no encontraría en la eternidad los confines de
    su divinidad.

¿Cómo se fundamenta Dios?
Dios se fundamenta sin motivo y se mide sin medida.
Si eres uno en espíritu con Él, hombre, esto lo has de
    entender.

Se ama también sin conocer
Amo una única cosa y no sé lo que es:
Y porque no lo sé, la he elegido.

Hay que abandonar el «algo»
Hombre, si amas algo, no amas nada en verdad:
Dios no es ni esto ni aquello, así que abandona por
    completo el «algo».

45. Das Vermögende Unvermögen.
Wer nichts begehrt / nichts hat / nichts weiß / nichts
 liebt / nichts wil;
Der hat / der weiß / begehrt / und liebt noch immer vil.

46. Das seelige Unding.
Jch bin ein seeligs Ding / mag ich ein Unding seyn /
Das allem was da ist / nicht kundt wird / noch gemein.

47. Die Zeit ist Ewigkeit.
Zeit ist wie Ewigkeit / und Ewigkeit wie Zeit /
So du nur selber nicht machst einen unterscheid.

48. GOttes Tempel und Altar.
GOtt opffert sich jhm selbst; Jch bin in jedem nu:
Sein Tempel / sein Altar / sein Bethstul so ich ruh.

49. Die Ruh ists höchste Gutt.
Ruh ist das höchste Gutt: und wäre GOtt nicht ruh /
Jch schliesse für Jhm selbst mein' Augen beide zu.

50. Der Thron GOttes.
Fragstu mein Christ wo GOtt gesetzt hat seinen Thron?
Da / wo Er dich in dir gebiehret seinen Sohn.

La poderosa impotencia
Quien nada desea, nada tiene, nada sabe, nada ama,
    nada quiere,
Aún tiene, sabe, desea y ama demasiado.

La ausencia dichosa
Soy una presencia bienaventurada si puedo ser una
    ausencia
Que nada sabe ni tiene en común con lo que es.

El tiempo es eternidad
El tiempo es como la eternidad y la eternidad como el
    tiempo,
Salvo que tú establezcas una distinción.

El templo y el altar de Dios
Dios se sacrifica a Sí mismo: Yo soy en cada instante
Su templo, su altar y su descanso, si soy quietud.

La calma es el mayor bien
La calma es el bien más grande: Si Dios no fuese calma,
Cerraría mis ojos ante Él.

El trono de Dios
¿Preguntas, cristiano, dónde ha dispuesto Dios su trono?
Allí donde Él, en ti, alumbró a su hijo.

51. Die Gleichheit GOttes.
Wer unbeweglich bleibt in Freud / in Leid / in Pein;
Der kan nunmehr nit weit von GOttes Gleichheit seyn.

52. Das Geistliche Senffkorn.
Ein Senffkorn ist mein Geist / durch scheint jhn seine
    Sonne /
So wächst er GOtte gleich mit freudenreicher Wonne.

53. Die Tugend sitzt in Ruh.
Mensch wo du Tugend wilst mit Arbeit und mit Müh /
So hastu sie noch nicht / du kriegest noch umb sie.

54. Die wesentliche Tugend.
Jch selbst muß Tugend seyn / und keinen Zufall wissen:
Wo Tugenden auß mir in Warheit sollen fliessen.

55. Der Brunquell ist in uns.
Du darffst zu GOtt nicht schreyn / der Brunnquell ist
    in dir:
Stopffstu den Außgang nicht / er flüsse für und für.

56. Das mißtraun schmähet GOtt.
So du auß Mißvertraun zu deinem GOtte flehest /
Und jhn nicht sorgen läst: schau daß du Jhn nicht
    schmähest.

La igualdad de Dios
Quien permanece inmutable en la alegría, en el
    sufrimiento, en la pena
Ya no puede estar muy lejos de la igualdad con Dios.

El grano de mostaza divino
Un grano de mostaza es mi espíritu; si su sol lo
    atraviesa,
Crece semejante a Dios y con placer inmenso.

La virtud está en la calma
Hombre, si practicas la virtud con trabajo y fatiga,
No la tienes aún, sólo la rondas.

La virtud esencial
Yo mismo debo ser virtud sin azar
Si las virtudes han de brotar de mí.

La fuente está en nosotros
No debes invocar a Dios, el manantial está en ti:
No obstruyas la salida y manará sin cesar.

La desconfianza insulta a Dios
Si suplicas a Dios con desconfianza
Y no le dejas hacer, ten cuidado y no lo difames.

57. Jn Schwachheit wird Gott funden.
Wer an den Füssen lahm / und am Gesicht ist blind /
Der thue sich dann umb / ob er GOtt jrgends find.

58. Der Eigen gesuch.
Mensch suchstu Gott umb Ruh / so ist dir noch nicht
  recht /
Du suchest dich / nicht Jhn? bist noch nicht Kind / nur
  Knecht.

59. Wie Gott wil sol man wollen.
Wär' ich ein Seraphin / so wolt ich lieber seyn /
Dem Höchsten zugefalln / das schnödste Würmelein.

60. Leib / Seele / und Gottheit.
Die Seel ist ein Kristall / die GOttheit ist ihr schein:
Der Leib / in dem du Lebst / ist ihrer beider schreyn.

61. Jn dir muß GOtt gebohren werden.
Wird Christus tausendmahl zu Bethlehem gebohrn /
Und nicht in dir; du bleibst noch Ewiglich verlohrn.

62. Das äussre hilfft dich nicht.
Das Kreutz zu Golgatha kan dich nicht von dem bösen /
Wo es nicht auch in dir wird auffgericht / erlösen.

Dios se encuentra en la debilidad
Aquel de rostro ciego y pies paralizados,
Que busque por si encuentra a Dios en alguna parte.

La búsqueda de uno mismo
Hombre, si buscas a Dios para tranquilizarte, aún no
    estás en el buen camino,
Te buscas a ti, no a Él. Aún no eres el hijo, sólo un
    siervo.

Como Dios quiere, así hay que querer
Si fuese un serafín, preferiría ser,
Para complacer al Altísimo, el gusano más despreciable.

Cuerpo, alma y divinidad
El alma es un cristal, la divinidad su brillo,
El cuerpo, en el que vives, el relicario de los dos.

Dios tiene que nacer en ti
Mil veces naciera Cristo en Belén y no en ti
Y tú seguirías perdido eternamente.

Lo exterior no te ayuda
La cruz del Gólgota no puede salvarte del mal
Si no se alza también en ti.

63. Steh selbst von Todten auff.
Jch sag / es hilfft dich nicht / daß Christus aufferstanden /
Wo du noch ligen bleibst in Sünd und todesbanden.

64. Die geistliche Säung.
GOtt ist ein Ackersmann / das Korn sein ewges Wort /
Die Pflugschar ist sein Geist / mein Hertz der säungsort.

65. Armut ist Göttlich.
GOtt ist das ärmste ding / Er steht gantz bloß und frey:
Drumb sag ich recht und wol / daß armut Göttlich sey.

66. Das Hertz ist GOttes Herd.
Wo GOtt ein Fewer ist / so ist mein Hertz der Herd /
Auf welchem Er das Holtz der Eittelkeit verzehrt.

67. Das Kind schreyt nach der Mutter.
Wie ein entmilchtes Kind nach seiner Mutter weint:
So schreyt die Seel nach GOtt / die Jhn alleine meint.

68. Ein Abgrund rufft dem andern.
Der Abgrund meines Geists rufft immer mit Geschrey
Den Abgrund GOttes an: Sag welcher tieffer sey?

69. Milch mit Wein stärcket fein.
Die Menschheit ist die Milch / die GOttheit ist der
    Wein:
Trink Milch mit Wein vermischt / wiltu gestärket seyn.

Levántate de entre los muertos
Yo digo que no te ayuda que Cristo resucite
Si todavía vives en el pecado y unido a la muerte.

La siembra espiritual
Dios es un labrador, el grano, su palabra eterna,
El arado es su espíritu, mi corazón, el lugar de la
    siembra.

La pobreza es divina
Dios es lo más pobre, está totalmente desnudo y libre:
Por eso digo, con razón, que la pobreza es divina.

Mi corazón es el hogar de Dios
Si Dios es fuego, mi corazón es el hogar
En el que Él consume la madera de la vanidad.

El niño llama a su madre a gritos
Igual que un niño destetado llora por su madre
El alma llama a Dios, su único pensamiento.

Un abismo llama a otro
El abismo de mi espíritu llama siempre a voces
Al abismo de Dios. Di ¿cuál es más profundo?

La leche se refuerza con el vino
La humanidad es la leche, la divinidad, el vino;
Bebe la leche mezclada con el vino y te fortalecerás.

70. **Die Liebe.**
Die Lieb' ist unser GOtt / es lebet alls durch Liebe:
Wie seelig wär' ein Mensch der stäts in jhr verbliebe!

71. **Man muß das Wesen seyn.**
Lieb' üben hat viel Müh: wir sollen nicht allein
Nur Lieben; sondern selbst / wie GOtt die Liebe seyn.

72. **Wie sieht man GOtt?**
GOtt wohnt in einem Licht / zu dem die bahn gebricht:
Wer es nicht selber wird / der siht jhn Ewig nicht.

73. **Der Mensch war GOttes Leben.**
Eh ich noch etwas ward / da war ich GOttes Leben:
Drumb hat er auch für mich sich gantz und gar
    gegeben.

74. **Man sol zum anfang kommen.**
Der Geist den GOtt mir hat im Schöpffen eingehaucht /
Sol wider Wesentlich in Jhm stehn eingetaucht.

75. **Dein Abgott / dein begehren.**
Begehrstu was mit GOtt / ich sage klar und frey /
(Wie Heylig du auch bist) daß es dein Abgott sey.

76. **Nichts wollen macht GOtte gleich.**
GOtt ist die Ewge Ruh / weil Er nichts sucht noch wil:
Wiltu ingleichem nichts / so bistu eben vil.

El amor
El amor es nuestro Dios, todo vive por el amor:
Qué feliz sería el hombre que permaneciese en él.

Debemos ser el ser
Amar exige mucho esfuerzo; no debemos
Tan sólo amar, sino, como Dios, ser el amor.

Cómo se ve a Dios
Dios vive en una luz cuyo camino está cortado:
Quien no se convierte en luz no lo verá jamás.

El hombre era la vida de Dios
Antes de ser algo, yo era vida de Dios:
Por eso Él se me ha entregado totalmente.

Hay que volver al principio
El espíritu que Dios me concedió en la creación
Ha de volver a Él de nuevo.

Tu ídolo, tu deseo
Si deseas algo con Dios, te digo claramente
(Por muy santo que seas) que Él será tu ídolo.

No querer nada te hace igual a Dios
Dios es la calma eterna, porque no busca ni quiere nada:
Si tú no quieres nada, entonces eres mucho.

77. Die dinge sind geringe.
Wie klein ist doch der Mensch / der etwas groß thut
  schätzen /
Und sich nicht über sich in GOttes Thron einsetzen!

78. Das Geschöpff ist nur ein stüpffchin.
Schau alles was GOtt schuf / ist meinem Geist so klein /
Daß es jhm scheint in jhm ein eintzig Stüpfchen seyn.

79. GOtt trägt volkommne Früchte.
Wer mir Vollkommenheit wie Gott hat ab-wil-
  sprechen /
Der müste mich zuvor von seinem Weinstok brechen.

80. Ein jedes in dem seinigen.
Der Vogel in der Lufft / der Stein ruht auff dem Land /
Jm Wasser lebt der Fisch / mein Geist in GOttes Hand.

81. Gott blüht auß seinen Zweigen.
Bistu auß GOtt gebohrn / so blühet GOtt in dir:
Und seine GOttheit ist dein Safft und deine Zier.

82. Der Himmel ist in dir.
Halt an wo lauffstu hin / der Himmel ist in dir:
Suchstu GOtt anders wo / du fehlst Jhn für und für.

Las cosas son insignificantes
¡Qué pequeño es el hombre que tiene en gran estima
    cualquier cosa
Y no se eleva sobre sí mismo para sentarse en el trono de
    Dios!

La criatura es solo un puntito
Todo lo que Dios ha creado es tan pequeño para mi
    espíritu
Que parece ser en él en él solo un puntito.

Dios da frutos perfectos
Quien niegue en mí la perfección que Dios posee
Tendría antes que separarme de su cepa.

Cada uno en lo suyo
El pájaro reposa en el aire, la piedra sobre la tierra,
El pez vive en el agua, mi espíritu en la mano de Dios.

Dios florece en sus ramas
Has nacido de Dios, Dios florece en ti
Y su divinidad es tu savia y tu ornamento.

El cielo está en ti
Detente, donde quiera que vayas; el cielo está en ti:
Si buscas a Dios en otra parte, se te escapará una y otra
    vez.

83. Wie kan man GOttes genissen.
GOtt ist ein Einges Ein / wer seiner wil geniessen /
Muß sich nicht weniger als Er / in Jhn einschlissen.

84. Wie wird man GOtte gleich?
Wer GOtt wil gleiche seyn / muß allem ungleich
    werden.
Muß ledig seiner selbst / und loß seyn von beschwerden.

85. Wie hört man GOttes Wort?
So du das Ewge Wort in dir wilt hören sprechen:
So mustu dich zuvor vom hören gantz entbrechen.

86. Jch bin so breit als GOtt.
Jch bin so breit alß GOtt / nichts ist in aller Welt /
Das mich (O Wunder ding!) in sich umbschlossenhält.

87. Jm Ekstein liegt der Schatz.
Was marterstu das ärtzt: der Ekstein ists allein /
Jn dem Gesundheit / Gold / und / alle Künste seyn.

88. Es ligt alls im Menschen.
Wie mag dich doch O Mensch nach etwas thun
    Verlangen /
Weil du in dir hälst GOtt und alle Ding' umbfangen?

89. Die Seel ist GOtte gleich.
Weil meine Seel in GOtt steht ausser Zeit und Ort /
So muß sie gleiche seyn dem Ort und Ewgen Wort.

Cómo se puede gozar de Dios
Dios es Uno: quien quiera gozar de Él
Debe encerrarse en Él no menos que Él mismo.

Cómo hacerse igual a Dios
Quien quiera ser igual a Dios ha de hacerse desigual a
    todo,
Liberarse de sí mismo y estar libre de cargas.

Cómo se escucha la palabra de Dios
Si quieres oír en ti la palabra de Dios,
Antes tienes que deshacerte de todo oír.

Soy tan extenso como Dios
Soy tan extenso como Dios, no hay nada en el mundo,
¡Oh maravilla! que pueda abarcarme.

En la piedra angular está el tesoro
¿Por qué martirizas el metal? Solo en la piedra angular
Están la salud, el oro y todas las artes.

Todo está en el hombre
¿Cómo puedes, hombre, desear cosa alguna
Si tienes en ti a Dios y todas las cosas?

El alma es igual a Dios
Porque mi alma está en Dios, fuera del tiempo y del
    espacio,
Tiene que ser igual al lugar y la palabra eternos.

90. Die Gottheit ist das grüne.
Die GOttheit ist mein Safft: was auß mir grünt und
blüht /
Das ist sein Heilger Geist / durch den der trib geschiht.

91. Man sol für alles danken.
Mensch so du GOtt noch pflegst umb diß und das
zudanken /
Bistu noch nicht versetzt auß deiner schwachheit
schranken.

92. Wer gantz Vergöttet ist.
Wer ist als wär' er nicht / und wär' er nie geworden:
Der ist (O seeligkeit!) zu lauter GOtte worden.

93. Jn sich hört man daß Wort.
Wer in sich selber sitzt / der höret GOttes Wort /
(Vernein es wie du wilt) auch ohne Zeit und Ort.

94. Die Demut.
Die Demut ist der Grund / der Dekkel / und der
schreyn /
Jn dem die Tugenden stehn und beschlossen seyn.

95. Die Lauterkeit.
Wann ich die Lauterkeit durch GOtt geworden bin /
So wend' ich mich umb GOtt zufinden nirgends hin.

La divinidad es lo verde
La divinidad es mi savia; lo que verdea y florece en mí
Es su Santo Espíritu, por el que la renovación se realiza.

Hay que dar gracias por todo
Hombre, si todavía acostumbras darle gracias a Dios por
    esto y aquello,
Aún no has traspasado los límites de tu flaqueza.

El por completo divino
Quien es como si no fuese y nunca hubiese sido,
¡Oh, bienaventuranza!, se ha convertido en el Altísimo.

En uno mismo se oye la palabra
Quien permanece en sí oye la palabra de Dios,
(Niégalo si quieres), sin tiempo y sin espacio.

La humildad
La humildad es el fondo, la tapa y el cofre
En el que se encuentran y están encerradas las virtudes.

La pureza
Si por Dios he alcanzado la pureza,
No necesito ir a ninguna parte para encontrar a Dios.

96. **GOtt mag nichts ohne mich.**
GOtt mag nicht ohne mich ein eintzigs Würmlein
    machen:
Erhalt' ichs nicht mit Jhm / so muß es straks zukrachen.

97. **Mit GOtt vereinigt seyn / ist gut für Ewge Pein.**
Wer GOtt vereinigt ist / den kan Er nicht verdammen:
Er stürtze sich dann selbst mit jhm in Tod und
    Flammen.

98. **Der todte Wille herscht.**
Dafern mein Will' ist todt / so muß GOtt waß ich wil:
Jch schreib Jhm selber für das Muster und das Zil.

99. **Der Gelassenheit gilts gleiche.**
Jch lasse mich GOtt gantz / wil Er mir Leyden machen /
So wil ich Jhm so wol / als ob den Freuden lachen.

100. **Eins halt das ander.**
GOtt ist so vil an mir / als mir an Jhm gelegen /
Sein wesen helff ich Jhm / wie Er das meine hegen.

101. **Christus.**
Hört wunder! Christus ist das Lamb und auch der Hirt /
Wenn Gott in meiner Seel ein Mensch gebohren wird.

46

Dios no puede nada sin mí
Dios no puede sin mí hacer ni un simple gusano:
Si no me mantengo a su lado, inmediatamente se
    derrumba.

Estar unido a Dios es bueno para el tormento eterno
A quien está unido a Dios, Dios no puede condenarle,
Pues se precipitaría con él en la muerte y las llamas.

La voluntad muerta gobierna
Si mi voluntad está muerta, Dios tiene que hacer lo que
    yo quiero:
Yo le prescribo incluso el modelo y la meta.

El sosiego lo iguala todo
Me entrego totalmente a Dios; si me quiere hacer sufrir,
Reiré con Él igual que si me concediese alegrías.

Uno sostiene al otro
Dios está en mí en la misma medida que yo en Él,
Albergo su ser como Él el mío.

Cristo
¡Escucha esta maravilla! Cristo es el cordero y el pastor
Cuando Dios en mi alma se hace hombre.

102. **Die geistliche Goldmachung.**
Dann wird das Bley zu Gold / dann fällt der Zufall hin /
Wann ich mit GOtt durch GOtt in GOtt verwandelt
  bin.

103. **Auch von derselben.**
Jch selbst bin das Metall / der Geist ist Feur und Herd /
Messias die Tinctur, die Leib und Seel verklärt.

104. **Noch von jhr.**
So bald durch Gottes Feur ich mag geschmeltzet seyn /
So drukt mir GOtt alßbald sein eigen Wesen ein.

105. **Das Bildnuß Gottes.**
Jch trage GOttesbild: wenn Er sich wil besehn /
So kan es nur in mir / und wer mir gleicht / geschehn.

106. **Das ein' ist in dem Andern.**
Jch bin nicht ausser GOtt / und GOtt nicht ausser mir /
Jch bin sein Glantz und Liecht / und Er ist meine Zihr.

107. **Es ist noch alls in GOtt.**
Jsts / daß die Creatur auß GOtt ist außgeflossen:
wie hält Er sie dannoch in seiner Schoß beschlossen?

108. **Die Rose.**
Die Rose / welche hier dein äußres Auge siht /
Die hat von Ewigkeit in GOtt also geblüht.

Alquimia espiritual
Entonces el plomo se convierte en oro y el azar
    desaparece,
Cuando yo en Dios por Dios soy transformado en Dios.

Sobre lo mismo
Yo mismo soy metal, Espíritu, fuego y fragua,
El Mesías, la tintura que ilumina cuerpo y alma.

Otra vez sobre lo mismo
En cuanto puedo fundirme en el fuego de Dios,
Dios imprime en mí su propio ser.

La imagen de Dios
Llevo la imagen de Dios: cuando Él quiere mirarse
Sólo puede hacerlo en mí y en lo que se me parece.

Lo uno está en lo otro
No estoy fuera de Dios ni Dios fuera de mí;
Soy su brillo y su luz y Él es mi refugio.

Todo está entero en Dios
Concediendo que la criatura haya sido separada de Dios:
¿Cómo es que la mantiene todavía en su seno?

La rosa
La rosa, que aquí se muestra a tu ojo exterior,
Ha florecido en Dios desde la eternidad.

109. **Die Geschöpffe.**
Weil die Geschöpffe gar in GOttes Wort bestehn:
Wie können sie dann je zerwerden und vergehn?

110. **Das Gesuche deß Geschöpffes.**
Vom Ersten Anbegin / und noch biß heute zu /
Sucht das Geschöpffe nichts als seines Schöpffers Ruh.

111. **Die GOttheit ist ein nichts.**
Die zarte GOttheit ist ein nichts und übernichts:
Wer nichts in allem sicht / Mensch glaube / dieser
    sichts.

112. **Jn der Sonnen ists gut seyn.**
Wer in der Sonnen ist / dem mangelt nicht das Licht /
Das dem / der ausser jhr verirret geht / gebricht.

113. **Die Seelen Sonne.**
Nimb hin der Sonnen Liecht: mein Jesus ist die Sonne /
Die meine Seel erleucht / und macht sie voller Wonne.

114. **Die Sonn ist schon genug.**
Wem seine Sonne scheint / derselbe darf nicht güken /
Ob irgent wo der Mon / und andre Sterne bliken.

115. **Du selbst must Sonne seyn.**
Jch selbst muß Sonne seyn / ich muß mit meinen
    Strahlen
Das farbenlose Meer der gantzen GOttheit mahlen.

Las criaturas
Si las criaturas existen en la Palabra de Dios,
¿Cómo pueden entonces ser destruidas y desaparecer?

La búsqueda de la criatura
Desde el primer comienzo hasta hoy
La criatura no busca sino la paz de su Creador.

La divinidad es una nada
La delicada divinidad es una nada y una suprema nada:
Quien ve en todo nada, ése, créeme, hombre, ve.

Es bueno estar en el sol
A quien está en el sol no le falta la luz
De la que carece el que camina extraviado fuera de ella.

El alma-sol
Acoge la luz del sol; mi Jesús es el sol
Que ilumina mi alma y la llena de gozo.

El sol es suficiente
A quien le ilumina su sol no necesita mirar
Si en alguna parte brillan la luna y las otras estrellas.

Tú mismo tienes que ser el sol
Yo mismo tengo que ser el sol, y pintar con mis rayos
El mar sin color de la divinidad absoluta.

116. **Der Thau.**
Der Thau erquikt das Feld: Sol er mein Hertze laben /
So muß er seinen fall vom Hertzen JEsu haben.

117. **Nichts süsses in der Welt.**
Wer etwas in der Welt mag sü.' und Lieblich nennen:
Der muß die Süssigkeit / die GOtt ist / noch nicht
    kennen.

118. **Der Geist bleibt allzeit frey.**
Schleuß mich so streng du wilt in tausend Eisen ein /
Jch werde doch gantz frey / und ungefässelt seyn.

119. **Zum Ursprung mustu gehn.**
Mensch in dem Ursprung ist das Wasser rein und klar /
Trinkstu nicht auß dem Quäl / so stehstu in Gefahr.

120. **Die Perle wird vom Thau.**
Die Schneke lekt den Thau / und ich HERR CHrist
    dein Blut:
Jn beiden wird gebohrn ein kostbarliches Gut.

121. **Durch die Menschheit zu der GOttheit.**
Wiltu den Perlethau der edlen GOttheit fangen /
So mustu unverrukt an seiner Menschheit hangen.

122. **Die Sinligkeit bringt Leyd.**
Ein Auge das sich nie der Lust deß sehns entbricht:
Wird endlich gar Verblendt / und siht sich selbsten nicht.

El rocío
El rocío refresca el campo; para refrescar mi corazón
Tendría que caer del corazón de Jesús.

Nada dulce en el mundo
Quien llama a algo dulce y agradable en el mundo
Desconoce la dulzura que es Dios.

El espíritu permanece libre
Átame con mil cadenas, tan fuerte como quieras,
Estaré libre por completo y desencadenado.

Tienes que ir al origen
Hombre, en el origen el agua es pura y limpia.
Si no bebes de la fuente, estás en peligro.

La perla viene del rocío
El caracol lame el rocío y yo tu sangre, Cristo Señor:
En ambos nacerá un bien precioso.

Por la humanidad a la divinidad
Si quieres encontrar la perla de rocío de la noble
    divinidad,
Debes comenzar por aferrarte a su humanidad.

La sensualidad trae sufrimiento
Un ojo que nunca renuncia al placer de ver
Finalmente se ciega y no se ve a sí mismo.

123. GOtt klagt umb seine Braut.
Die Turtel Daube klagt / daß sie den Mann verlohren /
Und GOtt / daß du den Tod / für Jhn dir hast
    erkohren.

124. Du musts hinwider seyn.
Gott ist dir worden Mensch / wirstu nicht wieder Gott /
So schmähstu die Geburt / und hönest seinen Tod.

125. Die Gleichheit hat nicht Pein.
Wem alles Gleiche gilt / den rühret keine Pein /
Und solt' er auch im Pful der tieffsten Höllen seyn.

126. Begehrn erwartt gewehrn.
Mensch wann du noch nach GOtt begihr hast und
    verlangen /
So bistu noch von Jhm nicht gantz und gar umfangen.

127. Es gilt GOtt alles gleich.
Gott hat nicht Unterscheid / es ist Jhm alles ein:
Er machet sich so viel der Flieg' als dir gemein.

128. Alles liegt an der Empfänglichkeit.
Vermöcht' ich GOtts so viel als Christus zu empfangen /
Er liesse mich darzu im Augenblik gelangen.

129. Das böß' entsteht auß dir.
Gott ist ja nichts als gut: Verdamnü. / Tod / und Pein /
Und was man böse nennt / muß Mensch in dir nur seyn.

Dios se lamenta por su esposa
La tórtola se lamenta por perder al esposo
Y Dios de que hayas escogido la muerte en lugar de a Él.

Tienes que ser de nuevo
Dios se hizo hombre para ti, si tú no te haces Dios,
Difamas su nacimiento y te burlas de su muerte.

La igualdad no sufre
Aquel para quien todas las cosas son iguales no siente
    pena alguna,
Y puede estar en la ciénaga del infierno más profundo.

El desear espera recibir
Hombre, mientras todavía tienes deseo y anhelo de Dios,
No estás completamente abrazado por Él.

Todo es igual para Dios
Dios no conoce la diferencia, para Él todo es uno,
Tiene tanto en común con la mosca como contigo.

Todo es cuestión de receptividad
Si pudiese acoger a Dios tanto como Cristo,
Él me dejaría conseguirlo en un instante.

El mal proviene de ti
Dios no es nada más que bien; perdición, muerte y pena
Y lo que se llama el mal, eso, hombre, tiene que estar en ti.

130. **Die bloßheit ruht in Gott.**
Wie seelig ruht der Geist in deß Geliebten schoß!
Der Gotts / und aller ding' / und seiner selbst steht
bloß.

131. **Das Paradeyß in Pein.**
Mensch bistu Gott getreu / und meinest Jhn allein:
So wird die gröste Noth ein Paradeiß dir seyn.

132. **Bewehret muß man seyn.**
Mensch in das Paradeyß komt man nicht unbewehrt /
Wiltu hinein / du must durch Feuer und durch
Schwerdt.

133. **Gott ist ein Ewges Nun.**
Jst GOtt ein Ewges Nun / was fället dann darein /
Daß Er nicht schon in mir kan alls in allem seyn?

134. **Unvollkomne gestorbenheit.**
Wo dich noch diß und das bekümmert und bewegt /
So bistu noch nicht gantz mit GOtt ins Grab gelegt.

135. **Bey Gott ist nur sein Sohn.**
Mensch werd' auß Gott gebohrn: bey seiner GOttheit
Thron /
Steht niemand anders als der eingebohrne Sohn.

La desnudez descansa en Dios
Qué bienaventurado descansa el espíritu en el seno del
　　Amado,
Desnudo de Dios y de todas las cosas y de sí mismo.

El paraíso en el sufrimiento
Hombre, si eres fiel a Dios y piensas solo en Él,
La más grande necesidad será un paraíso para ti.

Hay que protegerse
Hombre, al paraíso no se llega indefenso,
Si quieres alcanzarlo, debes hacerlo a espada y fuego.

Dios es un eterno ahora
Dios es un eterno ahora; entonces ¿qué hay de extraño
En que Él pueda estar en mí como en todo?

Imperfecta condición mortal
Si todavía deseas y te conmueve esto y aquello,
Aún no reposas por completo con Dios en la tumba.

Con Dios está solo su Hijo
Hombre, nace de Dios: en su trono divino
Solo está el Hijo unigénito.

136. **Wie ruhet GOtt in mir?**
Du must gantz lauter seyn / und stehn in einem Nun /
Sol GOtt in dir sich schaun / und sänfftiglichen ruhn.

137. **GOtt verdammt niemand.**
Was klagstu über GOtt? Du selbst verdammst dich:
Er möcht' es ja nicht thun / das glaube sicherlich.

138. **Je mehr du auß / je mehr GOtt ein.**
Je mehr du dich auß dir kanst außthun und entgiessen:
Je mehr muß GOtt in dich mit seiner GOttheit fliessen.

139. **Es trägt und wirt getragen.**
Das Wort / das dich und mich / und alle dinge trägt /
Wird widerumb von mir getragen und gehagt.

140. **Der Mensch ist alle Dinge.**
Der Mensch ist alle ding': Jsts daß ihm eins gebricht /
So kennet er fürwar sein Reichthumb selber nicht.

141. **Es sind viel tausend Sonnen.**
Du sprichst im Firmament sey eine Sonn' allein.
Jch aber sage / daß vil tausend Sonnen seyn.

142. **Je mehr man sich ergibt / je mehr wird man
geliebt.**
Warumb wird Seraphin von GOtte mehr geliebt
Als eine Mük? Es ist / daß er sich mehr ergiebt.

Cómo descansa Dios en mí
Debes ser completamente puro y permanecer en un
	ahora,
Entonces Dios se contemplará y reposará en ti
	dulcemente.

Dios no condena a nadie
¿Qué quejas tienes de Dios? Tú mismo te condenas:
Él nunca desearía hacerlo, tenlo tú por seguro.

Cuanto más fuera de ti, más se adentra Dios
Cuanto más te deshaces y te vacías de ti,
Más puede Dios con su divinidad manar en ti.

Contiene y es contenida
La palabra que te contiene a ti y a mí y todas las cosas
Será de nuevo contenida y conservada por mí.

El hombre es todas las cosas
El hombre es todas las cosas: si le falta algo,
Es que él mismo no conoce en realidad su propia riqueza.

Hay muchos miles de soles
Dices que en el firmamento solo hay un sol,
Pero yo digo que hay muchos miles.

Cuanto más se da uno, más es amado
¿Por qué el serafín es más amado por Dios
Que un mosquito? Porque se entrega más.

143. **Die Selbheit die verdambt.**
Dafern der Teufel könt' auß seiner seinheit gehn /
So sehestu jhn straks in GOttes Throne stehn.

144. **Der Schöpffer kans alleine.**
Was bildestu dir ein zu zehln der Sternenschaar?
Der schöpffer ists allein / der sie kan zehlen gar.

145. **Jn dir ist was du wilt.**
Der Himmel ist in dir / und auch der Höllen Qual:
Was du erkiest und wilst / das hastu überall.

146. **GOtt liebt nichts ausser Christo.**
So lieb GOtt eine Seel in Christi glantz und Licht.
So unlieb ist sie Jhm / im fall' er jhr gebricht.

147. **Die Jungfern Erde.**
Das feinest' auff der Welt ist reine Jungfern Erde:
Man saget daß auß jhr das Kind der weisen werde.

148. **Das gleichnü der Dreyeinigkeit.**
Der Sinn / der Geist / das Wort / die lehren klar und
    frey
(So du es fassen kanst) wie GOtt Drey Einig sey.

149. **Es läst sich nicht bezirken.**
So wenig als dir ist die Weite GOttes kund:
So wenig ist die Welt / wie du sprichst Zirkelrund.

El ensimismamiento que condena
Si el diablo pudiese alejarse de su ser-él-mismo,
Inmediatamente le verías en el trono de Dios.

El Creador lo puede todo
¿Qué ingenias para contar las estrellas?
Sólo el Creador puede contarlas.

En ti está lo que deseas
El cielo está en ti y también el tormento del infierno:
Lo que quieres y deseas lo tienes en todas partes.

Dios no ama fuera de Cristo
Tanto ama Dios un alma en la luz y el resplandor de
    Cristo
Como deja de amarla en caso de que él la rechace.

La tierra virgen
Lo más delicado en el mundo es la pura tierra virgen
Se dice que de ella nacerá el hijo de los sabios.

La igualdad de la Trinidad
El sentido, el espíritu, la palabra, lo enseñan con
    claridad,
Entonces puedes concebir que Dios sea trino.

Lo que no se deja cercar
La vastedad de Dios no puede serte referida,
Ni el mundo es circular, como pretendes.

150. **Eins in dem Andern.**
Jst meine Seel im Leib / und gleich durch alle Glieder:
So sag ich recht und wol / der Leib ist in jhr wieder.

151. **Der Mensch ist GOttes kindbett.**
Da GOtt das erstemahl hat seinen Sohn gebohrn /
Da hat er mich und dich zum Kindbett außerkohrn.

152. **Du selbst must GOttes Lämlein seyn.**
Daß GOtt ein Lämmlein ist / das hilfft dich nicht mein
    Christ:
Wo du nicht selber auch ein Lämmlein GOttes bist.

153. **Du must zum Kinde werden.**
Mensch wirstu nicht ein kind / so gehstu nimmer ein /
Wo GOttes Kinder seynd: die Thür ist gar zu klein.

154. **Die geheime Jungfrauschafft.**
Wer lauter wie das Licht / Rein wie der Ursprung ist /
Derselbe wird von GOtt für Jungfrau außerkist.

155. **Hier muß der Anfang seyn.**
Mensch wiltu ewiglich beym Lämlein GOttes stehn /
So mustu schon allhier in seinen tritten gehn.

Uno en lo otro
Mi alma está en el cuerpo y en cada uno de los
    miembros:
Entonces digo con razón que el cuerpo está en ella.

El hombre es el lecho en el que nace Dios
Cuando por vez primera Dios alumbró a su Hijo
Nos escogió a ti y a mí como lecho.

Tú mismo puedes ser el cordero de Dios
Que Dios sea un cordero no te ayuda, cristiano,
Si tú no eres a su vez un cordero de Dios.

Tienes que convertirte en niño
Hombre, si no te conviertes en niño, nunca entrarás
Donde se encuentran los hijos de Dios: porque la puerta
    es demasiado estrecha.

La virginidad oculta
Quien es puro como la luz y puro como el origen
Será elegido virgen por Dios.

Aquí tiene que estar el principio
Hombre, si quieres permanecer para siempre en el
    cordero de Dios
Desde ahora has de ir tras sus pasos.

156. GOtt selbst ist unßre Weide.
Schaut doch das Wunder an! Gott macht sich so gemein /
Daß Er auch selber wil der Lämmer Weide seyn.

157. Die Wunderliche verwandnuß Gottes.
Sag an O grosser GOtt / wie bin ich dir verwandt?
Daß du mich Mutter / Braut / Gemahl / und Kind
    genandt.

158. Wer trinkt den Lebensbrunn?
Wer dorte bey dem Brunn deß Lebens denkt zusitzen:
Der muß zuvor allhier den eignen Durst außschwitzen.

159. Die ledigkeit ist wie GOtt.
Mensch wo du ledig bist / das Wasser quillt auß dir /
So wol als auß dem Brunn der Ewigkeit herfür.

160. Gott dürstet / tränk Jhn doch.
GOtt selber klaget durst: Ach daß du Jhn so Kränkest!
Und nicht wie jenes Weib die Samaritin Tränkest.

161. Das Ewge Licht.
Jch bin ein Ewig Licht / Jch brenn ohn unterlaß:
Mein tocht und öl ist Gott / Mein Geist der ist das Faß.

162. Du must die Kindschafft haben.
So du den höchsten Gott wilt deinen Vatter nennen /
So mustu dich zuvor sein Kind zu seyn / bekennen.

El mismo Dios es nuestro pasto
¡Maravíllate! Dios se entrega hasta tal punto,
Que se convierte en pasto del cordero.

La maravillosa parentela de Dios
Di, gran Dios, ¿qué parentesco tengo contigo
Que me has llamado madre, novia, esposo e hijo?

¿Quién bebe de la fuente de la vida?
Quien tenga pensado sentarse junto a la fuente de la
    vida
Tendrá que sudar antes aquí la propia sed.

El celibato se parece a Dios
Hombre, si estás soltero el agua fluye en ti
Como de la fuente de la eternidad.

Dios está sediento, dale de beber
El mismo Dios está sediento; ¡que tanto le hagas sufrir
Y no le ofrezcas de beber, como hizo aquella mujer, la
    samaritana!

La luz eterna
Soy una luz eterna que arde sin descanso:
Mi mecha y mi aceite es Dios, mi espíritu, el quinqué.

Tienes que ser el hijo
Si quieres llamar Padre al Altísimo,
Antes tienes que confesar que eres su hijo.

163. Die Menschheit sol man lieben.
Daß du nicht Menschen liebst / das thustu recht und
  wol /
Die Menschheit ists die man im Menschen lieben sol.

164. GOtt schaut man mit Gelassenheit.
Der Engel schauet GOtt mit heitern Augen an:
Jch aber noch vil mehr / so ich GOtt lassen kan.

165. Wo die Weißheit gerne ist.
Die Weißheit findt sich gern wo jhre Kinder sind /
Warumb? (O wunder ding!) sie selber ist ein Kind.

166. Der Spiegel der Weißheit.
Die Weißheit schauet sich in jhrem Spiegel an.
Wer ists? sie selber / und wer Weißheit werden kan.

167. So viel du in GOtt / so viel Er in dir.
So viel die Seel in GOtt / so viel ruht GOtt in ihr:
Nichts minder oder mehr / Mensch glaub es / wird er dir.

168. Christus ist alles.
O Wunder! Christus ist die Warheit und das Wort /
Licht / Leben / Speiß / und Tranck / Pfad / Pilgram /
  Thür und Ort.

169. Nichts verlangen ist Seeligkeit.
Die Heilgen sind darumb mit GOttes ruh umbfangen /
Und haben Seeligkeit / weil sie nach nichts verlangen.

Debes amar a la humanidad
No amas a los hombres, haces bien,
La humanidad es lo que se debe amar en el hombre.

A Dios se le contempla en el sosiego
El ángel mira a Dios con ojos serenos,
Pero yo todavía más, puesto que puedo abandonarle.

La sabiduría
La sabiduría se encuentra donde están sus hijos
¿Por qué? ¡Oh Maravilla! Ella misma es una hija.

El espejo de la sabiduría
La sabiduría se contempla en su espejo.
¿Quién es? Ella misma y quien puede convertirse en
    sabiduría.

Cuanto más estás en Dios, más está Él en ti
Cuanto más está el alma en Dios, más reposa Él en ti;
Ni mas ni menos, hombre, créelo, será para ti.

Cristo es todo
¡Oh maravilla! Cristo es la verdad y la palabra,
Luz, vida, alimento y bebida, camino, peregrino, puerta
    y lugar.

La bienaventuranza es no desear nada
Los santos están rodeados por la calma de Dios
Y son bienaventurados porque nada anhelan.

170. **GOtt ist nicht hoch noch tieff.**
GOtt ist nicht hoch / nicht tieff: wer endlich anderst
 spricht /
Der hat der Wahrheit noch gar schlechten Unterricht.

171. **GOtt findet man mit nicht-suchen.**
GOtt ist nicht hier noch da: wer jhn begehrt zufinden
Der laß' jhm Händ' und Fü.' / und Leib und Seele
 binden.

172. **GOtt siehet ehe du gedenkst.**
Wo GOtt von Ewigkeit nicht sihet die Gedanken /
So bistu eh' als Er: Er stüpffchen / und du schranken.

173. **Der Mensch lebt nicht vom Brodt allein.**
Das Brodt ernährt dich nicht: was dich im Brodte speist /
Jst GOttes Ewigs Wort / ist Leben / und ist Geist.

174. **Die gaben sind nicht GOtt.**
Wer GOtt umb gaben Bitt / der ist gar übel dran:
Er bettet das Geschöpff / und nicht den Schöpffer an.

175. **Sohn seyn ist schon genung.**
Sohn ist das liebste Wort / das Gott zu mir mag
 sprechen.
Spricht Ers: so mag mir Welt und GOtt auch selbst
 gebrechen.

Dios no es alto ni profundo
Dios no es alto ni profundo; quien sostenga otra cosa
No ha recibido una buena enseñanza.

A Dios se le encuentra no buscándole
Dios no está aquí ni allí; quien desee encontrarle
Ha de dejarse atar de pies y manos, de cuerpo y alma.

Dios ve antes de que tú pienses
Si Dios desde la eternidad no viera los pensamientos,
Entonces tú estarías antes que Él: Él, el punto y tú, el
    límite.

El hombre no sólo vive de pan
El pan no te alimenta. Lo que te alimenta en el pan
Es la palabra eterna de Dios, es la vida y el espíritu.

Los dones no son Dios
Quien pide favores a Dios se equivoca:
Adora a la criatura y no al Creador.

Ser hijo es suficiente
La palabra más hermosa con la que Dios puede dirigirse
    a mí es hijo;
Si la pronuncia, pueden hacerse pedazos el mundo y el
    mismo Dios.

176. Eins wie das ander.
Die Höll wird Himmelreich / noch hier auf diser Erden /
(Und diß scheint wunderlich) wann Himmel Höll kan
   werden.

177. Jm Grund ist alles eins.
Man redt von Zeit und Ort / von Nun und Ewigkeit:
Was ist dann Zeit und Ort / und Nun und Ewigkeit?

178. Die Schuld ist deine.
Daß dir im Sonne sehn vergehet das Gesicht /
Sind deine Augen schuld / und nicht das grosse Licht.

179. Der Brunquell GOttes.
Dieweil der Gottheit Ström' auß mir sich solln
   ergiessen;
Muß ich ein Brunquell seyn: sonst würden sie
   verfliessen.

180. Ein Christ ist Kirch' und alles.
Was bin ich endlich doch? Jch sol die Kirch' und Stein /
Jch sol der Prister GOtts und auch das Opffer seyn.

181. Man muß Gewalt anthun.
Wer sich nicht drängt zu seyn deß höchsten liebes Kind /
Der bleibet in dem Stall wo Vieh und Knechte sind.

Uno como el otro
El infierno se convierte en el reino de los cielos aquí en
     la tierra,
(Y esto parece increíble) cuando el cielo puede
     convertirse en infierno.

En el fondo todo es uno
Se habla de tiempo y espacio, de ahora y eternidad,
Pero ¿qué son el tiempo y el espacio y el ahora y la
     eternidad?

La culpa es tuya
Si mirando el sol te quemas los ojos,
La culpa es de tus ojos y no de la gran luz.

La fuente de Dios
Ya que la corriente de la divinidad mana de mí
Tengo que ser una fuente, si no, se secaría.

Un cristiano es iglesia y todo
¿Qué soy yo finalmente? Tengo que ser la iglesia y la
     piedra,
El sacerdote de Dios y también la víctima.

Hay que usar la violencia
Quien no busca ser el hijo amado del Altísimo
Permanece en el establo, donde están los siervos y el
     ganado.

182. **Der Löhner ist nicht Sohn.**
Mensch dienstu Gott umb gutt / umb seeligkeit / umb
    Lohn;
So dienstu jhm noch nicht auß liebe wie ein Sohn.

183. **Die geheimbe Vermählung.**
Was Freude muß doch seyn! wenn GOtt Jhm seine Braut /
Jn seinem Ewgen Wort durch seinen Geist vertraut.

184. **GOtt ist mir was ich wil.**
GOtt ist mein Stab / mein Licht / mein Pfad / mein Zil
    / mein Spiel /
Mein Vatter / Bruder / Kind / und alles was ich wil.

185. **Der Orth ist selbst in dir.**
Nicht du bist in dem Orth / der Orth der ist in dir!
Wirfstu jhn auß / so steht die Ewigkeit schon hier.

186. **Der ewigen Weißheit Hauß.**
Die Ewge Weißheit baut: Jch werde der Pallast:
Wann sie in mir / und ich in jhr gefunden rast.

187. **Die weite der Seelen.**
Die Welt ist mir zu äng / der Himmel ist zu klein:
Wo wird doch noch ein Raum für meine Seele seyn?

188. **Die Zeit und Ewigkeit.**
Du sprichst: Versetze dich auß Zeit in Ewigkeit.
Jst dann an Ewigkeit und Zeit ein unterscheid?

El que espera recompensa no es hijo
Hombre, si sirves a Dios por el bien, por la santidad y
   por el salario,
Aún no le sirves por amor como un hijo.

La boda secreta
Qué alegría cuando Dios se confía a su esposa
En su palabra eterna y a través de su espíritu.

Dios es para mí lo que yo quiero
Dios es mi bastón, mi luz, mi camino, mi meta, mi juego,
Mi padre, hermano, hijo, y todo lo que yo quiera.

El espacio está en ti
¡No eres tú el que está en el espacio, el espacio está en ti!;
Si lo expulsas, la eternidad permanece contigo.

La casa de la eterna sabiduría
La sabiduría eterna edifica: Yo soy el palacio
Cuando ella en mí y yo en ella encontramos descanso.

La vastedad del alma
El mundo es demasiado angosto para mí, el cielo
   demasiado pequeño:
¿Dónde habrá entonces un espacio para mi alma?

El tiempo y la eternidad
Dices: abandona el tiempo por la eternidad.
¿Hay una diferencia entre tiempo y eternidad?

189. Der Mensch der macht die Zeit.
Du selber machst die Zeit: das Uhrwerk sind die sinnen:
Hemstu die Unruh nur / so ist die Zeit von hinnen.

190. Die Gleichheit.
Jch weiß nicht was ich sol! Es ist mir alles Ein /
Orth / Unorth / Ewigkeit / Zeit / Nacht / Tag / Freud /
    und Pein.

191. Wer GOtt sol schaun / muß alles seyn.
Wer selbst nicht alles ist / der ist noch zugeringe /
Daß er dich sehen sol *Mein GOtt und alle Dinge.*

192. Wer recht Vergöttet ist.
Mensch allererst wenn du bist alle Dinge worden /
So stehstu in dem Wort / und in der Götter Orden.

193. Die Creatur ist recht in GOtt.
Die Creatur ist mehr in GOtte dann in Jhr.
Zerwird sie / bleibt sie doch in Jhme für und für.

194. Was bistu gegen GOtt.
Mensch dünke dich nur nicht für GOtt mit werken viel /
Denn Aller Heilgen thun ist gegen GOtt ein spil.

195. Das Licht besteht im Feuer.
Das Licht gibt allem krafft: GOtt selber lebt im Lichte:
Doch / wär' Er nicht das Feur / so würd es bald zu
    nichte.

El hombre crea el tiempo
Tú mismo haces el tiempo. El reloj son los sentidos:
Si detienes la inquietud, el tiempo desaparece.

La igualdad
¡No sé qué debo hacer! Para mí todo es uno:
Lugar y no lugar, eternidad, tiempo, noche, día, júbilo
   y dolor.

El que ha de contemplar a Dios tiene que serlo todo
Quien por sí mismo no lo es todo, es demasiado
   insignificante
Para contemplarte a Ti, Dios mío, y todas las cosas.

El que en verdad es deificado
Hombre, si te conviertes en todas las cosas,
Estás en la Palabra y en la orden de los dioses.

La criatura está verdaderamente en Dios
La criatura está más en Dios que en sí misma.
Destrúyela: permanecerá en Él para siempre.

¿Qué eres tú ante Dios?
Hombre, no te tengas por mucho ante Dios por tus obras.
Todo el obrar de los santos es un juego ante Dios.

La luz consiste en fuego
La luz da a todo fuerza: Dios mismo vive en la luz.
Si no fuese fuego, sería aniquilado.

196. **Die geistliche Arch und's Manna-Krüglein.**
Mensch ist dein Hertze Gold / und deine Seele rein /
So kanst auch du die Arch / und's Mannakrüglein seyn.

197. **GOtt macht Vollkommen seyn.**
Daß GOtt Allmächtig sey / das glaubet jener nicht /
Der mir Vollkommenheit / wie GOtt begehrt /
    abspricht.

198. **Das Wort ist wie das Feuer.**
Das Feur rügt alle Ding' und wird doch nicht bewegt:
So ist das ewge Wort das alles hebt und regt.

199. **GOtt ausser Creatur.**
Geh hin / wo du nicht kanst: sih / wo du sihest nicht:
Hör wo nichts schallt und klingt / so bistu wo Gott
    spricht.

200. **GOtt ist nichts (Creatürlichs).**
GOtt ist warhafftig nichts: und so er etwas ist:
So ist Ers nur in mir / wie er mich Jhm erkist.

201. **Warumb wird GOtt gebohrn?**
O Unbegreifflichkeit! GOtt hat sich selbst verlohrn /
Drumb wil er widerumb in mir seyn Neugebohrn.

202. **Die hohe Würdigkeit.**
O hohe Würdigung! GOtt springt von seinem Thron /
Und setzet mich darauf in seinem lieben Sohn.

El arca espiritual y el cuenco de maná
Hombre, si tu corazón es oro y tu alma pura,
Puedes ser el arca y el cuenco de maná.

Dios hace que seamos perfectos
Que Dios sea todopoderoso no lo cree aquel
Que me niega la perfección tal como Dios la desea.

La palabra es como el fuego
El fuego mueve todas las cosas y él permanece
    inamovible;
Así es la palabra eterna que eleva y mueve todo.

Dios fuera de la criatura
Ve, donde no puedes; mira donde nada ves;
Oye donde nada suena, y estarás donde habla Dios.

Dios es nada (en tanto criatura)
Dios es nada en verdad; y si es algo
Sólo lo es en mí, si me ha elegido.

¿Por qué nace Dios?
¡Oh, cosa incomprensible! Dios se ha perdido a sí
    mismo,
Por eso quiere nacer de nuevo en mí.

El alto reconocimiento
¡Oh, alto reconocimiento! Dios salta de su trono
Y me sienta a mí como su amado Hijo.

203. Jmmer dasselbige.
Jch ward das was ich war / und bin was ich gewesen /
Und werd' es ewig seyn / wenn Leib und Seel genesen.

204. Der Mensch ists höchste Ding.
Nichts dünkt mich hoch zu seyn: Jch bin das höchste
    Ding /
Weil auch GOtt ohne mich Jhm selber ist gering.

205. Der Ort ist das Wort.
Der ort und's Wort ist Eins / und wäre nicht der ort /
(Bey Ewger Ewigkeit!) es wäre nicht das *Wort*.

206. Wie heist der Neue Mensch?
Wiltu den Neuen Mensch und seinen Namen kennen /
So frage GOtt zuvor wie er pflegt sich zunennen.

207. Die schönste Gasterey.
O süsse Gasterey! GOtt selber wird der Wein /
Die Speise / Tisch / Musik / und der bediener seyn!

208. Die seelige Völlerey.
Zu viel ist niemals gutt / ich hasse Völlerey!
Doch wünsch' ich daß ich GOtts so Voll als Jesus sey!

209. Wie der Mund so der Trank.
Die Hure Babylon trinkt Blutt / und trinkt den Tod:
O grosser unterscheid! Jch trinke Blutt und GOtt.

Siempre idéntico
He llegado a ser lo que era y soy lo que he sido
Y lo seré eternamente cuando cuerpo y alma se curen.

El hombre es la cosa más grande
Nada me parece sublime, yo soy lo más grande,
Porque incluso Dios sin mí, por sí solo, es insignificante.

El lugar es la palabra
El lugar y la palabra son uno, y si el lugar no fuese,
(¡Por la eterna eternidad!) la palabra no sería.

¿Cómo se llama el hombre nuevo?
Si quieres conocer al hombre nuevo y su nombre,
Pregunta antes a Dios cómo suele Él llamarse.

El más bello convite
¡Oh dulce celebración! Dios mismo será el vino,
La comida, la mesa, y el sirviente y la música.

La gula bienaventurada
¡Demasiado nunca es bueno, odio la gula,
Pero deseo estar tan lleno de Dios como Jesús!

Como sea la boca, así será la bebida
La prostituta Babilonia bebe sangre y muerte:
¡Oh gran diferencia! Yo bebo sangre y Dios.

210. **Je auffgegebner je Göttlicher.**
Die Heilgen sind so viel von Gottes Gottheit trunken /
So viel sie sind in jhm verlohren und versunken.

211. **Das Himmelreich ist der Gewaltsamen.**
Nicht GOtt gibts Himmelreich: du selbst musts zu dir
    ziehn /
Und dich mit gantzer macht und Eyfer drumb bemühn.

212. **Jch wie GOtt / GOtt wie ich.**
GOtt ist das was Er ist: Jch was ich durch ihn bin:
Doch kennstu einen wol / so kenstu mich und Jhn.

213. **Die Sünde.**
Der durst ist nicht ein Ding / und doch kan er dich
    plagen:
Wie sol dann nicht die Sünd den bösen Ewig Nagen?

214. **Die Sanfftmuth.**
Die Sanfftmut ist ein sammt auf dem GOtt ruht und
    liegt:
Er dankt dir / bistu sie / daß er sein Polster kriegt.

215. **Die Gerechtigkeit.**
Was ist Gerechtigkeit? das / welches allen gleich
Sich gibt / entbeutht / geläst / hier und im
    Himmelreich.

Cuanto más abandonado, más divino
Los bienaventurados están más ebrios de la divinidad de
    Dios
Cuanto más se pierden y se hunden en Él.

El reino de los cielos es de los violentos
Dios no da el reino de los cielos; tú mismo debes
    apropiártelo,
Y esforzarte en ello con todas tus fuerzas y todo tu
    ahínco.

Yo como Dios, Dios como yo
Dios es lo que es; Yo soy lo que soy:
Si conoces bien a uno, entonces me conoces a mí y a Él.

El pecado
La sed no es una cosa y puede atormentarte:
¿Cómo no va entonces el pecado corroer al malvado
    eternamente?

La dulzura
La dulzura es terciopelo sobre el que Dios se acuesta y
    reposa:
Él te agradece que seas su almohada.

La justicia
¿Qué es justicia? La que a todos por igual
Se da y prescribe aquí y en el reino de los cielos.

216. Die Vergöttung.
GOtt ist mein Geist / mein Blutt / mein Fleisch / und
    mein Gebein:
Wie sol ich dann mit jhm nicht gantz durchgöttet seyn?

217. Würken und Ruhn ist recht Göttlich.
Fragstu was Gott mehr liebt / jhm würken oder ruhn?
Jch sage daß der Mensch / wie GOtt / sol beides thun.

218. Das Göttliche Sehen.
Wer in dem Nächsten nichts als Gott und Christum
    siht:
Der sihet mit dem Licht das auß der Gottheit blüht.

219. Die Einfalt.
Die Einfalt ist so wehrt / daß wann sie GOtt gebricht /
So ist er weder GOtt noch Weißheit / noch ein Licht.

220. Jch auch zur rechten GOttes.
Weil mein Erlöser hat die Menschheit aufgenommen /
So bin auch Jch in Jhm zur rechten GOttes kommen.

221. Der Glaube.
Der Glaube Senffkorns groß versetzt den Berg ins Meer:
Dänkt was Er könte thun / wann er ein kürbis wär!

La deificación
Dios es mi espíritu, mi sangre, mi carne y mis huesos:
¿Cómo podría no ser deificado con Él?

Actuar y descansar es en verdad divino
Preguntas: ¿qué es lo que Dios prefiere, la acción o el
    reposo?
Yo digo que el hombre, como Dios, debe hacer ambas
    cosas.

La mirada divina
Quien en el prójimo no ve sino a Dios y a Cristo:
Ese ve con la luz que florece en la divinidad.

La inocencia
La inocencia es tan valiosa, que cuando le falta a Dios,
Entonces no es Dios, ni sabiduría, ni luz.

Yo también a la derecha de Dios
Puesto que mi salvador ha albergado la humanidad,
Así en Él yo también he llegado a la diestra de Dios.

La fe
La fe, grande como un grano de mostaza, mueve la
    montaña al mar:
Piensa lo que podría hacer si fuese una calabaza.

222. Die Hoffnung.
Die Hoffnung ist ein Seil: könt' ein Verdambter hoffen:
GOtt züg jhn auß dem Pful in dem er ist ersoffen.

223. Die Zuversicht.
Die Zuversicht ist gut / und das Vertrauen fein:
Doch / bistu nicht gerecht / so bringt es dich in Pein.

224. Was GOtt mir / bin ich Jhm.
GOtt ist mir GOtt und Mensch: ich bin Jhm Mensch
    und GOtt.
Jch lösche seinen Durst / und er hilfft mir auß Noth.

225. Der Anti-Christ.
Was gaffstu vil mein Mensch? der Anti-Christ unds
    Thier
(Jm Fall du nicht in GOtt) sind alle zwey in dir.

226. Die Babel.
Du bist die Babel selbst: gehst du nicht auß dir auß /
So bleibstu ewiglich deß Teuffels Polter-Hauß.

227. Die Rachgiehr.
Die Rachgiehr ist ein Rad das nimmer stille steht:
Je mehr es aber laufft / je mehr es sich vergeht.

228. Die Abscheuligkeit der Boßheit.
Mensch soltestu in dir das Ungeziefer schauen /
Es würde dir für dir als für dem Teufel grauen.

La esperanza
La esperanza es una cuerda; si el condenado confiase,
Dios le sacaría del cenagal en el que está ahogándose.

La confianza
La confianza es buena y puro el confiar;
Pero si no eres justo, te traerá penas.

Lo que Dios es para mí, yo lo soy para Él
Dios es para mí Dios y hombre, yo soy para Él hombre
    y Dios.
Apago su sed y Él me libra de la necesidad.

El Anticristo
¿De qué te asombras tanto, hombre? El Anticristo y la
    bestia
(Si no estás en Dios) están ambos en ti.

Babilonia
Tú eres la misma Babilonia; si no sales de ti,
serás eternamente morada del demonio.

La sed de venganza
La sed de venganza es una rueda que nunca se detiene:
Cuanto más gira, se consume más.

La abominación de la maldad
Hombre, si vieses las sabandijas que hay en ti,
Tendrías más miedo de ti que del diablo.

229. **Der Zorn.**
Der Zorn ist höllisch Feur / wann er in dir entbrennt /
So wird dem heilgen Geist sein Ruhbettlein geschändt.

230. **Die seeligkeit ist leichter zuerlangen als die**
   Verdamnüß.
Es dunkt mich leichter seyn in Himmel sich
   zuschwingen;
Als mit der Sünden müh in Abgrund ein zu dringen.

231. **Der Weltliebende Reiche.**
Christ wenn ein Schiffseil wird durchs Nadelöhr
   gezogen /
So sprich / der Reiche sey ins Himmelreich geflogen.

232. **HErr dein Wille geschehe.**
Das Wort das GOtt von dir am allerliebsten hört /
Jst wann du hertzlich sprichst: Sein Wille sey geehrt.

233. **GOttes Nachgeklinge.**
Mein Lieb und alle Ding' ist GOttes nachgeklinge /
Wann Er mich höret schreyn / *Mein GOtt und alle*
   Dinge.

234. **GOtt umb GOtt.**
Herr liebstu meine Seel / so laß sie dich umbfassen:
Sie wird dich nimmermehr umb tausend GOtte lassen.

La ira
La ira es fuego infernal; cuando ella prende en ti
Es profanado el lugar de reposo del Espíritu Santo.

La beatitud es más fácil de alcanzar que la perdición
Me parece más fácil elevarme al reino de los cielos;
Que hundirme en el abismo con el peso del pecado.

El rico mundano
Cristiano, cuando veas la amarra de un barco pasar por
   el ojo de una aguja,
Entrará el rico en el reino de los cielos.

Señor, hágase según tu voluntad
La palabra que Dios prefiere oír de ti
Es cuando dices de corazón: ¡Hágase su voluntad!

El eco de Dios
Mi amor y todas las cosas son el eco de Dios
Cuando me oye gritar: *Dios mío y todas las cosas.*

Dios en torno a Dios
Señor, amas mi alma, entonces déjala abrazarte:
Nunca más te abandonará ni a cambio de mil dioses.

235. Alles mit GOtt.
Jch bethe GOtt mit GOtt auß Jhm / und in Jhm an:
Er ist mein Geist / mein Wort / mein Psalm / und was
    ich kan.

236. Der Geist vertrit uns.
GOtt liebt und lobt sich selbst / so viel er immer kan:
Er kniet und neiget sich / Er betht sich selber an.

237. Jm jnnern bethet man recht.
Mensch so du wissen wilt was redlich bethen heist:
So geh in dich hinein / und frage GOttes Geist.

238. Das Wesentliche Gebethe.
Wer lauters Hertzens lebt / und geht auff Christi Bahn /
Der bethet wesentlich GOtt in sich selber an.

239. GOtt lobt man in der stille.
Meinstu O armer Mensch / daß deines Munds geschrey
Der rechte Lobgesang der stillen GOttheit sey?

240. Das stillschweigende Gebeth.
GOtt ist so überalls daß man nichts sprechen kan:
Drumb bettestu Jhn auch mit schweigen besser an.

241. GOttes Leibgedinge.
Mein Leib (O Herligkeit!) ist GOttes Leib-gedinge /
Drumb schätzt er Jhn darinn zuwohnen nicht geringe.

Todo con Dios
Rezo a Dios con Dios desde Él y en Él:
Él es mi espíritu, mi palabra, mi salmo y lo que puedo.

El espíritu nos representa
Dios se ama y se alaba a Sí mismo tanto como puede:
Se arrodilla y se inclina, se adora a Sí mismo.

En el interior se reza de verdad
Hombre, si quieres saber qué significa rezar
    sinceramente,
Adéntrate en ti y pregunta al Espíritu de Dios.

La oración esencial
Quien vive con el corazón puro y sigue la senda de Cristo
Adora esencialmente a Dios en sí.

A Dios se le alaba en silencio
¿Piensas, pobre hombre, que tu grito
Es la alabanza que merece la divinidad silenciosa?

La oración silenciosa
Dios es tan omnipresente que nada puede ser dicho,
Por eso le honras mejor en silencio.

La morada de Dios
Mi cuerpo, oh gloria, es morada de Dios,
Por eso valora tanto permanecer en él.

242. Die Thür muß offen seyn.
Eröffene die Thür / so komt der heilge Geist /
Der Vater / und der Sohn / Dreyeinig eingereist.

243. Das Wohnhauß GOttes.
Christ / so du JEsum liebst und seine Sanfftmutt hast /
So findet GOtt in dir sein Wohnhauß / Ruh / und rast.

244. Die Liebe ist der weisen Stein.
Lieb' ist der weisen Stein: sie scheidet Gold auß koth /
Sie machet nichts zu jchts / und wandelt mich in GOtt.

245. Es muß vereinigt werden.
Jm fall die Liebe dich versetzen sol auß Peyn /
Muß deine Menschheit vor mit GOttes Eines seyn.

246. Die Tingierung.
Der heilge Geist der schmeltzt / der Vater der verzehrt /
Der Sohn ist die *Tinctur,* die Gold macht und verklärt.

247. Das alte ist hinweg.
So wenig du das Gold kanst schwartz und Eisen nennen:
So wenig wirstu dort den Mensch am Menschen kennen.

248. Die genaue Vereinigung.
Schau doch wie hoch Vereint die Goldheit mit dem Bley /
Und der Vergöttete mit Gottes wesen sey!

La puerta debe estar abierta
Abre la puerta y entrarán el Espíritu Santo,
el Padre y el Hijo, trinitarios.

La casa de Dios
Cristiano, si amas a Jesús y posees su mansedumbre,
Encontrará Dios en ti su casa, su calma y su descanso.

El amor es la piedra filosofal
El amor es la piedra filosofal: separa el oro de la escoria,
Convierte la nada en ser y me transforma en Dios.

Tiene que haber unión
Si quieres que el amor te arredre de la pena,
Tu humanidad debe ser una con Dios.

La tintura
El espíritu santo funde, el padre consume,
El hijo es la tintura, que hace el oro y transmuta.

Lo viejo es ido
Igual que no puedes llamar al oro negro o hierro,
No podrás conocer al hombre en el hombre.

La unión perfecta
Mira qué estrechamente se une el oro con el plomo
Y el deificado con el ser de Dios.

249. Die Goldheit und GOttheit.
Die Goldheit machet Gold / die Gottheit machet GOtt:
Wirstu nicht eins mit ihr / so bleibstu Bley und Koth.

250. Wie die Goldheit also die Gottheit.
Schau wie die Goldheit ist deß Golds fluß / schwer' und
    schein:
So wird die Gottheit auch im seelgen alles seyn.

251. Das liebste Kind GOttes.
Sag wie ich möge seyn deß Vaters liebstes Kind?
Wann Er sich selbst und alls / und Gottheit in dir findt.

252. Die Göttliche Kindtschafft.
Jst GOttes GOttheit mir nicht jnniglich gemein /
Wie kan ich dann sein Kind / und Er mein Vater seyn?

253. Der Kinder ists Himmelreich.
Christ so du kanst ein Kind von gantzem Hertzen
    werden /
So ist das Himmelreich schon deine hier auf Erden.

254. Die Kindheit und GOttheit.
Weil sich die GOttheit hat in Kindheit mir erzeigt /
Bin ich der Kindheit und der Gottheit gleich geneigt.

255. Kind und GOtt.
Kind oder GOtt gilt gleich: hastu mich Kind genennt /
So hastu GOtt in mir / und mich in GOtt bekennt.

Lo áureo y la divinidad
Lo áureo hace el oro, la divinidad hace a Dios:
Si no te haces uno con Él, sigues siendo plomo y barro.

Igual que lo áureo, así lo divino
Mira, igual que lo áureo es fusión, peso y brillo del oro,
La divinidad lo será todo en el bienaventurado.

El hijo predilecto de Dios
Di, ¿cómo puedo ser el hijo predilecto del Padre?
Cuando Él se encuentre a sí mismo y a todo y a la
    divinidad en ti.

La divina filiación
Si no comparto la divinidad de Dios,
¿Cómo puedo entonces ser su hijo y Él mi Padre?

De los niños es el reino de los cielos
Cristiano, si puedes convertirte en niño de todo
    corazón,
El reino de los cielos ya es tuyo aquí en la tierra.

La infancia y la divinidad
Porque se me ha mostrado la divinidad en la infancia,
Me inclino por igual a la infancia y a la divinidad.

Hijo y Dios
Hijo o Dios da lo mismo: si me has llamado hijo,
Has reconocido a Dios en mí y a mí en Dios.

256. Die widergiltliche Kind- und Vatterschafft.
Jch bin GOtts Kind und Sohn / Er wider ist mein Kind:
Wie gehet es doch zu daß beide beides sind!

257. Die Dreyeinigkeit in der Natur.
Daß GOtt Dreyeinig ist / zeigt dir ein jedes Kraut /
Da Schwefel / Saltz / Mercur / in einem wird geschaut.

258. Das Tingiren.
Betrachte das Tingirn / so sihstu schön und frey /
Wie dein' Erlösung / und wie die Vergöttung sey.

259. Die GOttheit und Menschheit.
Die Ewge GOttheit ist der Menschheit so verpflicht!
Daß Jhr auch ohne sie Hertz / Muth und Sinn gebricht.

260. Heut ist der Tag des Heyls.
Braut auf der Bräutgam komt! Man geht nicht mit jhm
   ein /
Wo man deß Augenbliks nicht kan bereitet seyn.

261. Die Hochzeit deß Lammes.
Die Mahlzeit ist bereitt / das Lamm zeigt seine
   Wunden:
Weh dir / hastu noch nicht GOtt deinen Bräutgam
   funden.

94

La filiación y la paternidad recíprocas
Soy la criatura y el hijo de Dios y Él, a su vez, es mi
    hijo:
¿Cómo puede ser que ambos seamos las dos cosas?

La Trinidad en la naturaleza
Que Dios es trino te lo muestra cada hierba
Donde azufre, sal y mercurio se mezclan en uno.

La tintura
Observa la tintura, entonces ves bien y libremente
Cómo son tu redención y deificación.

La divinidad y la humanidad
La divinidad eterna está tan vinculada con la
    humanidad
Que sin ella carece de valor, corazón y sentido.

Hoy es el día de la salvación
Prepárate, esposa, llega el esposo; no se unirá a él
El que no pueda estar listo en un instante.

La boda del cordero
El banquete está preparado, el cordero muestra sus
    llagas:
Ay de ti si aún no has encontrado a Dios, tu esposo.

262. **Das Hochzeitliche Kleid.**
Das Hochzeitkleid ist GOtt und seines Geistes liebe:
Zeuchs an / so weicht von dir was deinen Geist macht
    trübe.

263. **GOtt forscht sich niemals auß.**
Die Ewge GOttheit ist so reich an Rath und That /
Daß sie sich selbst noch nie gantz außgeforschet hat.

264. **Die Creaturen sind GOttes Widerhall.**
Nichts weset ohne Stimm: Gott höret überall /
Jn allen Creaturn / sein Lob und Widerhall.

265. **Die Einigkeit.**
Ach daß wir Menschen nicht wie die Waldvögelein /
Ein jeder seinen thon mit lust zusammen schreyn!

266. **Dem Spötter tauget nichts.**
Jch weiß die Nachtigal strafft nicht des GukGuks thon:
Du aber / sing ich nicht wie du / sprichst meinem Hohn.

267. **Ein ding behagt nicht immer.**
Freund / solln wir allesambt / nur jmmer Eines schreyn /
Was wird diß für ein Lied / und für Gesinge seyn?

268. **Veränderung steht fein.**
Je mehr man Unterscheid der Stimmen vor kan
    bringen:
Je wunderbahrlicher pflegt auch das Lied zuklingen.

El traje nupcial
El traje nupcial es Dios y el amor de su espíritu:
Vístelo y aleja de ti lo que entristece a tu espíritu.

Dios no cesa de escrutarse
La eterna divinidad es tan rica en designios y hechos
Que todavía nunca se ha escudriñado por completo.

Las criaturas son el eco de Dios
Nada es sin voz: Dios oye en todas partes,
En todas las criaturas su alabanza y eco.

La unidad
Ojalá nosotros, hombres, fuésemos como los pajarillos
    del bosque
Entonando cada uno su canto con alegría.

Al burlón nada le conviene
Sé que el ruiseñor no condena el canto del cuco:
Pero si yo no canto como tú, me hablas con sarcasmo.

A menudo una sola cosa no conviene
Amigo, si debemos cantar siempre lo mismo
¿Qué clase de canto será?

La variación es bella
Cuanto más diferenciadas son las voces
Más maravilloso suele ser el canto.

269. Bey GOtt ist alles gleiche.
Gott giebet so genau auf das koaxen acht /
Als auf das direlirn / das ihm die Lerche macht.

270. Die Stimme GOttes.
Die Creaturen sind deß *Ewgen Wortes* Stimme:
Es singt und klingt sich selbst in Anmuth und im
    Grimme.

271. An GOtt ist nichts Creatürlichs.
Liebstu noch was an Gott / so sprichstu gleich dabey /
Daß Gott dir noch nicht Gott und alle dinge sey.

272. Der Mensch ist Gottes gleichnüß.
Was Gott in Ewigkeit begehrn und wünschen kan /
Das schauet Er in mir als seinem gleichnüß an.

273. Steig über die Heiligkeit.
Die Heiligkeit ist gutt: wer drüber kommen kan /
Der ist mit Gott und Mensch am allerbesten dran.

274. Der Zufall muß hinweg.
Der Zufall muß hinweg / und aller falscher schein:
Du must gantz wesentlich und Ungefärbet seyn.

275. Der Mensch bringt alles in GOtt.
Mensch alles liebet dich; umb dich ists sehr gedrange:
Es lauffet alls zu dir / daß es zu Gott gelange.

Para Dios todo es igual
Dios presta tanta atención al croar de la rana
Como a los gorgoritos de la alondra.

La voz de Dios
Las criaturas son la voz de la *palabra eterna,*
Que canta y suena en gracia y furia.

En Dios no hay nada de la criatura
Si amas algo en Dios, dices igualmente
Que Dios todavía no es para ti Dios y todas las cosas.

El hombre es el reflejo de Dios
Lo que Dios en la eternidad pueda desear y anhelar
Lo contempla en mí a su semejanza.

Álzate por encima de la santidad
La santidad es buena: quien pueda rebasarla
Está mejor, con Dios y con el hombre.

Lo azaroso debe desaparecer
Lo azaroso y toda falsa apariencia deben desaparecer:
Debes ser por completo esencial y sin artificio.

El hombre lo entrega todo a Dios
Hombre, todo a tu alrededor te ama y te apremia,
Todo corre hacia ti, para alcanzar a Dios.

276. Eins des andern Anfang und Ende.
Gott ist mein letztes End: Wenn ich sein Anfang bin /
So weset er auß mir / und ich vergeh in Jhn.

277. Das Ende GOttes.
Daß Gott kein ende hat / gesteh ich dir nicht zu:
Denn schau / Er sucht ja mich / daß er in mir beruh.

278. GOttes ander-Er.
Jch bin Gotts ander-Er / in mir findt Er allein
Was Jhm in Ewigkeit wird gleich und ähnlich seyn.

279. Die Jchheit schaffet nichts.
Mit Jchheit suchestu bald die bald jene sachen:
Ach lissest du's doch Gott nach seinem willen machen!

280. Der wahre weisen Stein.
Dein stein Chymist ist nichts: der Ekstein den ich mein /
Jst meine Gold *Tinctur,* und aller weisen Stein.

281. GOttes Gebotte sind nicht schwer.
Mensch lebestu in Gott / und stirbest deinem willen /
So ist dir nichts so leicht / als sein Gebott erfüllen.

Uno del otro principio y fin
Dios es mi fin último: si yo soy su principio,
Entonces Él nace de mí y yo me fundo en Él.

El fin de Dios
Que Dios no tiene un fin, no te lo admito:
Mira, Él me busca para hallar reposo.

El otro «Él» de Dios
Soy el otro Él de Dios, solo encuentra en mí
Lo que en la eternidad será igual y semejante a Él.

La yoidad nada crea
Con el yo buscas ahora esto, ahora aquello;
Más te valdría dejar hacer a Dios según su voluntad.

La verdadera piedra filosofal
Tu piedra, alquimista, no es nada; la piedra angular a la
    que me refiero
Es mi tintura dorada y la piedra de todos los sabios.

Sus mandamientos no son pesados
Hombre, si vives en Dios y mueres según su voluntad,
Nada es más fácil para ti que cumplir sus
    mandamientos.

282. Jn GOtt der beste Stand.
Was hilfft michs daß den *Herrn* die Morgensterne
  Loben /
So ich nicht über sie in Jhn bin aufgehoben.

283. GOtt ist über Heilig.
Schreyt hin Jhr *Seraphin* / das was man von euch list:
Jch weiß daß Gott mein Gott noch mehr als Heilig ist.

284. Uber alle erkendtnüß sol man kommen.
Was Cherubin erkennt / das mag mir nicht genügen /
Jch wil noch über Jhn / wo nichts erkandt wird /
  fliegen.

285. Das erkennende muß das erkannte werden.
Jn GOtt wird nichts erkandt: Er ist ein Einig Ein.
Was man in Jhm erkennt / das muß man selber seyn.

286. Jmmer weiter.
Maria ist hochwehrt: doch kan ich höher kommen /
Als sie und alle Schaar der Heiligen geklommen.

287. Die Schönheit.
Die Schönheit ist ein Licht: je mehr dir Licht gebrist /
Je greulicher du auch an Leib und Seele bist.

288. Die gelassene Schönheit.
Jhr Menschen lernet doch vonn Wisenblümelein /
Wie jhr könt Gott gefalln / und gleichwol schöne seyn.

En Dios, el mejor lugar
De qué me sirve que las estrellas de la mañana alaben al
    Señor
Si no me elevo sobre ellas y me recojo en Él.

Dios es suprasagrado
Pregonad, *serafines*, lo que se dice de vosotros:
Yo sé que Dios, mi Dios, es más que sagrado.

Hay que ir más allá de todo conocimiento
Lo que el querubín conoce no me es suficiente
Quiero volar más allá de él, dónde nada es conocido.

El conocedor tiene que convertirse en lo conocido
En Dios no hay nada que conocer, Él es un único Uno:
Lo que en Él se conoce, eso mismo hay que ser.

Siempre más lejos
María está encumbrada; pero yo puedo llegar más arriba
Que ella y toda la multitud de santos.

La belleza
La belleza es una luz. Cuanta más luz te falte
Más horrible serás en cuerpo y alma.

La belleza serena
Vosotros, hombres, aprended de las flores del campo
Cómo agradar a Dios y ser al mismo tiempo hermoso.

289. **Ohne warumb.**
Die Ros' ist ohn warumb / sie blühet weil sie blühet /
Sie achtt nicht jhrer selbst / fragt nicht ob man sie sihet.

290. **Laß GOtt sorgen.**
Wer schmückt die Lilien? Wer speiset die Narcissen?
Was bist dann du mein Christ auf dich so sehr beflissen?

291. **Der Gerechte.**
Daß der gerechte Mensch wächst wie ein Palmenbaum
Verwundet ich mich nicht; nur daß er noch findt raum!

292. **Der Seeligen Lohn.**
Was ist der Seelgen Lohn? Was wird mir nach dem Streit?
Es ist die Lilie der lautern Göttligkeit.

293. **Wenn man Vergöttet ist.**
Mensch / wann dich weder Lieb berührt / noch Leid
    verletzt /
So bistu recht in GOtt / und GOtt in dich versetzt

294. **GOtt ist ohne Willen.**
Wir bethen es gescheh mein Herr und Gott dein wille:
Und sih / Er hat nicht will': Er ist ein Ewge stille.

295. **Es mus in dir vor seyn.**
Mensch wird das Paradiß in dir nicht erstlich seyn /
So glaube mir gewiß / du kommest nimmer drein.

Sin porqué
La rosa es sin porqué, florece porque florece,
No se presta atención, no pregunta si se la ve.

Deja que Dios se ocupe
¿Quién embellece los lirios? ¿Quién riega los narcisos?
¿Por qué, entonces, cristiano, te ocupas tanto de ti?

El justo
Que el hombre justo crezca como una palmera
No me maravilla: ¡pero sí que encuentre espacio aún!

El salario del bienaventurado
¿Cuál es el salario del bienaventurado? ¿Qué me espera
    después de la batalla?
El lirio de la más pura divinidad.

Cuando se es deificado
Hombre, cuando no te conmueva el amor ni el
    sufrimiento te hiera
Te habrás convertido en Dios y Dios en ti.

Dios es sin voluntad
Rezamos: Hágase Señor y Dios mío tu voluntad:
Y mira, Él no tiene voluntad, es un silencio eterno.

Tiene que estar en ti
Hombre, si el paraíso no está primero en ti,
Créeme, nunca lo alcanzarás.

296. Die Nächsten GOttes gespielen.
Gott' ist nicht alles nah: die Jungfraw und das Kind /
Die zwey die sinds allein die Gottsgespielen sind.

297. Nicht Nakt und doch unbekleidt.
Nakt darf ich nicht für Gott; und muß doch unbekleidt
Jns Himmelreich eingehn / weil es nichts fremdes leidt.

298. Das Himmelreich ist innwendig in uns.
Christ mein wo lauffstu hin? der Himmel ist in dir.
Was suchstu jhn dann erst bey eines andern Thür?

299. Mit schweigen höret man.
Das Wort schallt mehr in dir / als in deß andern
    Munde:
So du jhm schweigen kanst / so hörstu es zur Stunde.

300. Trink auß deinem eignen Bronnen.
Wie thöricht thut der Mann der auß der Pfütze trinkt /
Und die Fonteine läst / die Jhm im Hauß entspringt.

301. Die Kinder GOttes.
Weil Gotteskinder nicht das eigne Lauffen lieben /
So werden sie von jhm und seinem Geist getrieben.

302. Stehn ist zurükke gehn.
Wer in den Wegen GOtts gedächte still zustehn /
Der würde hintersich und ins Verderben gehn.

Los compañeros de juego más cercanos a Dios
Dios no está cerca de todos: la virgen y el niño,
Solamente estos dos, son los compañeros de juego de Dios.

No desnudo y empero sin vestir
No puedo estar desnudo ante Dios y sin embargo tengo
    que entrar
Desvestido en el reino de los cielos, porque en él nada
    extraño se admite.

El reino de los cielos está dentro de nosotros
Cristiano, ¿hacia dónde corres? El cielo está en ti:
¿Por qué lo buscas tras otra puerta?

Con el silencio se oye
La Palabra resuena más en ti que en otras bocas:
Si puedes silenciarla, la oirás enseguida.

Bebe de tu propia fuente
Qué insensato es el hombre que bebe del pozo
Y menosprecia la fuente que brota en su casa.

Los hijos de Dios
Porque los hijos de Dios no quieren correr por sí mismos
Son impulsados por Él y por su Espíritu.

Pararse es volver atrás
Quien en los caminos de Dios pensara detenerse
Iría a la zaga de sí mismo y hacia la perdición.

Índice

127

Otros títulos de la Serie de poesía
AZUL DE METILENO

Otros títulos de la Serie de narrativa
RELOJERO DE BANAGUÁS

Esta primera edición de
Cuatro días sin porqué
número 36 de la Serie Azul de Metileno,
se terminó de imprimir
en abril de
2025.